LA
PROTECTION

LÉGALE

DES ANIMAUX

EN FRANCE

PAR

F. FLORENS

PROCUREUR DE LA RÉPUBLIQUE A TOULON
OFFICIER DE L'INSTRUCTION PUBLIQUE
MEMBRE DE LA SOCIÉTÉ D'AGRICULTURE, D'HORTICULTURE
ET D'ACCLIMATATION DU VAR

TOULON

IMPRIMERIE A. ISNARD ET Cⁱᵉ
Boulevard de Strasbourg, 56

1890

LA
PROTECTION
LÉGALE
DES ANIMAUX

EN FRANCE

PAR

F. FLORENS

PROCUREUR DE LA RÉPUBLIQUE A TOULON

OFFICIER DE L'INSTRUCTION PUBLIQUE

MEMBRE DE LA SOCIÉTÉ D'AGRICULTURE, D'HORTICULTURE

ET D'ACCLIMATATION DU VAR

TOULON

IMPRIMERIE A. ISNARD ET Cie

Boulevard de Strasbourg, 56

1890

A Monsieur Noël BLACHE

PRÉSIDENT DU CONSEIL GÉNÉRAL DU VAR

PRÉSIDENT DE LA SOCIÉTÉ D'AGRICULTURE, D'HORTICULTURE ET D'ACCLIMATATION DU VAR

CHEVALIER DE LA LÉGION D'HONNEUR

Mon cher Ami,

La loi a laissé à l'Autorité préfectorale, après avis du Conseil général, le soin de prescrire les mesures propres à prévenir ou à arrêter les dommages causés à l'agriculture.

L'Assemblée départementale, que vous présidez depuis sept ans avec tant de distinction, se trouve ainsi associée à cette œuvre de protection des récoltes.

Comme Président de notre Société d'agriculture, vous n'avez cessé de montrer la plus vive sollicitude pour les intérêts agricoles.

C'est à ce double titre que j'ai tenu à inscrire votre nom en tête de mon travail. Votre patronage, j'en suis convaincu, favorisera la vulgarisation de connaissances qui ne peuvent manquer d'être profitables à une cause dont vous êtes un si zélé défenseur.

Croyez à mes sentiments de vieille et sincère amitié.

FLORENS.

Toulon, le 2 mars 1890.

LA

PROTECTION

LÉGALE

DES ANIMAUX

EN FRANCE

INTRODUCTION

Les dispositions législatives concernant les animaux sont éparses dans nos codes : on en rencontre dans le code civil, dans le code pénal et dans des lois spéciales.

Le législateur s'est occupé d'abord des animaux au point de vue de la propriété ; il les a considérés tantôt comme des *meubles,* tantôt comme des *immeubles :* ainsi, les animaux que le propriétaire livre à son fermier ou à son métayer pour la culture du fonds sont immeubles par destination ; ils prennent en quelque sorte la nature du fonds auquel ils sont unis pour le service de l'exploitation agricole ; il en est de même des pigeons des colombiers, des lapins de garenne, des abeilles en ruches et des poissons des étangs.

Si un propriétaire livre son bétail à une autre personne que son fermier, à la charge de nourrir et soigner ce bétail, et à la condition d'en partager le croît, il y a ce qu'on appelle un bail à *cheptel* ; mais le troupeau n'est plus immobilisé, il conserve son caractère de meuble.

Ces distinctions ne sont pas simplement théoriques ; elles ont au contraire une grande importance pratique. Supposons en effet qu'un fermier soit poursuivi à la requête d'un de ses créanciers ; supposons, d'autre part, qu'il soit procédé à une expropriation contre le propriétaire : il importera de savoir quelle est la nature du troupeau ; s'il est à cheptel, il ne pourra être saisi sur la tête du fermier ; s'il fait partie de la ferme, il sera compris dans l'expropriation de l'immeuble.

Les animaux constituent donc une propriété ; le législateur leur doit sa protection comme à tout ce qui est susceptible de propriété.

Mais la loi est allée plus loin ; inspirée par un autre sentiment, celui de la pitié, elle a voulu adoucir la condition de ces êtres, qui souffrent comme nous, et prévenir les brutalités de ceux qui sont chargés de les conduire.

Cette étude comprendra deux parties : dans la première, nous traiterons des animaux considérés comme propriété ; dans la seconde, nous nous occuperons des dispositions légales relatives à leur amélioration physique.

PREMIÈRE PARTIE

DES ANIMAUX CONSIDÉRÉS AU POINT DE VUE
DE LA PROPRIÉTÉ

Les animaux dont la destruction est punie se divisent en deux catégories : la première comprend les chevaux ou bêtes de monture ou de charge, les bestiaux à cornes, les moutons, les chèvres, les porcs, les poissons dans des étangs, viviers ou réservoirs et les chiens de garde.

La seconde catégorie embrasse les animaux domestiques qui se familiarisent avec l'homme et vivent autour de lui, tels que les chiens, les chats, les pigeons de volière, les oiseaux de basse-cour.

Pour les animaux de la première catégorie, la loi prévoit deux cas de destruction : celle qui a lieu par empoisonnement, et celle qui est produite par tout autre moyen.

§ I. — Destruction par l'empoisonnement.

Autrefois l'empoisonnement des animaux de la première catégorie était puni de six ans de fers ; d'après le code pénal actuel, la peine est réduite à l'emprisonnement d'un an à cinq ans et d'une amende de 16 francs à 300 francs (art. 452 du code pénal, loi du 6 octobre 1791).

Le délit d'empoisonnement des animaux énumérés dans l'article 452 du code pénal, se compose de deux éléments : le fait de l'empoisonnement et l'espèce de l'animal empoisonné.

Pour qu'il y ait empoisonnement, il faut d'abord l'intention de donner la mort ; il faut ensuite l'emploi d'une substance toxique. L'intention est une condition essentielle de toute action coupable ; ainsi, si celui qui administre un poison croyait de bonne foi donner un remède à l'animal malade, le délit n'existerait pas.

Outre l'intention nécessaire pour constituer le délit, il faut que la substance administrée soit de nature à donner la mort à l'animal. Les substances vénéneuses sont détaillées dans l'ordonnance du 29 octobre 1846, dans un décret du 8 juillet 1850, et dans un décret du 1er octobre 1864.

Le tableau des substances vénéneuses est annexé au décret du 8 juillet 1850, et il appartient aux hommes de l'art, médecins et experts chimistes, de rechercher si la substance employée est ou non capable de donner la mort.

En matière pénale tout est de droit étroit, on ne peut étendre les termes de la loi : nous venons de parcourir l'énumération des animaux dont la loi punit la destruction par l'empoisonnement ; l'article 452 du code pénal ne s'appliquera plus s'il s'agit de l'empoisonnement d'animaux qui ne sont pas compris dans cette énumération.

Ce n'est pas qu'il soit permis d'empoisonner les autres animaux non compris dans cette catégorie, tels que les chiens, les volailles, les pigeons etc. ; mais l'empoisonnement des animaux non spécifiés dans l'article 452 n'est pas toujours un délit : cela dépend du lieu où ces animaux ont été empoisonnés, comme nous allons le voir en examinant l'article 454.

Bien que la nomenclature de l'article 452 soit limitative, il est évident que les espèces des animaux désignés comprennent tous les individus de la même classe, c'est-à-dire les mâles aussi bien que les femelles ; le mot chèvres s'applique aux boucs et aux chevreaux, le mot chevaux s'applique aux juments, le mot moutons s'applique également aux brebis, aux agneaux et aux béliers.

En ce qui concerne les poissons, ils ne rentrent dans les termes de la loi qu'autant qu'ils sont placés dans des étangs, viviers ou réservoirs, parce qu'ils se trouvent sous la main du maître et qu'ils constituent une véritable propriété. Quant aux poissons des fleuves, rivières ou canaux, ils sont protégés par la loi spéciale du 15 avril 1829 sur la pêche ; cette loi punit de trois mois de prison et 200 francs d'amende ceux qui ont jeté dans les eaux des drogues de nature à enivrer ou à détruire le poisson.

§ II. — Destruction par tout autre moyen
que l'empoisonnement.

Lorsque la destruction des animaux spécifiés dans l'article 452 du code pénal est produite par tout autre moyen que l'empoisonnement, il y a toujours un délit punissable, mais la peine est moins élevée ; le législateur a pensé que l'empoisonnement supposant la préméditation, le fait devait être réprimé avec plus de sévérité.

L'article 453 du code pénal est ainsi conçu : « Ceux qui, sans nécessité, auront tué l'un des animaux mentionnés au précédent article, seront punis ainsi qu'il suit :... »

Il faut donc trois conditions : la première, c'est que l'animal ait été *tué* ; on voit immédiatement une lacune échappée aux auteurs du code pénal qui n'ont pas prévu le cas de *blessures volontaires* faites à l'animal. Heureusement, nous avons, à cet égard, une disposition spéciale dans une loi ancienne, mais qui est toujours en vigueur : je veux parler de la loi du 28 septembre 1791.

Quant aux *blessures involontaires*, elles sont punies par l'article 479 § 2 du code pénal, et constituent une contravention passible de peines de simple police.

La seconde condition prévue par l'article 453 est que l'animal ait été tué *sans nécessité* : il n'y aura pas de délit lorsque l'animal aura été tué parce qu'il mettait la vie de l'homme en danger ou qu'il menaçait la sûreté des personnes ; il suffirait même que la vie des autres animaux pût être compromise par un animal furieux pour qu'il y eût nécessité de le tuer.

Mais il ne faut pas aller jusqu'à croire que l'on a droit de tuer *tous* les animaux qui viennent envahir les propriétés : s'il s'agit d'animaux malfaisants, féroces ou sauvages, nul doute qu'on puisse les repousser avec les armes à feu ; on peut tuer, sur son héritage, les volailles privées qui viennent y faire des dégâts, mais on n'a pas le droit de se les approprier ; il faut les laisser sur place, sauf à demander une indemnité à ceux qui en sont les propriétaires.

Une loi récente du 6 avril 1889 règle ce qui est relatif aux animaux employés à l'exploitation des propriétés rurales ; elle dispose que lorsque des animaux non gardés ou dont le gardien est inconnu ont causé du dommage, le propriétaire lésé a le droit de les conduire au lieu de dépôt désigné par le maire, et de présenter requête au juge de paix pour les faire vendre s'ils ne sont pas réclamés, ou si le dommage n'est pas payé dans la huitaine. Quant aux volailles qui s'enfuient dans les propriétés voisines, elles cessent d'être la propriété de leur maître un mois après la déclaration faite à la mairie par les personnes chez lesquelles ces animaux se sont enfuis. Pendant l'époque fixée par les préfets pour la clôture des colombiers, les propriétaires et les fermiers peuvent tuer et s'approprier les pigeons qui seraient trouvés sur leurs fonds.

Les vers-à-soie ne peuvent être saisis pendant leur travail ; il en est de même des feuilles de mûrier qui leur sont nécessaires.

Si, au contraire, il s'agit des animaux spécifiés dans l'article 452, qui dévastent une propriété, on n'a pas le droit de les tuer, même sur son propre terrain, on ne peut que se faire payer le dégât.

La troisième condition prévue par l'article 453 est qu'il s'agisse des animaux mentionnés dans l'article précédent : ce sont ceux que j'ai énumérés plus haut en citant l'article 452.

Arrivons maintenant à la destruction des animaux de la seconde catégorie ; ce sont *tous les animaux domestiques* proprement dits. Sans doute les animaux mentionnés en l'article 452 sont des animaux domestiques en ce sens qu'ils sont consacrés au service de l'homme ; mais dans le langage de la loi, ce mot ne s'applique qu'aux animaux qui vivent dans l'intimité de l'homme, tels que les chiens, les chats, les pigeons de volière, les oiseaux de basse-cour et les animaux apprivoisés, etc. D'après M. Guérin-Ménerville, on en compte quarante-sept espèces, parmi lesquelles il faut comprendre les animaux que l'acclimatation et la naturalisation peuvent ajouter aux espèces ordinaires.

La protection que la loi accorde à ces animaux est indiquée dans l'article 454 du code pénal.

Comme pour les animaux de la première catégorie, la condition constitutive du délit est que les animaux domestiques aient été tués *sans nécessité*.

La seconde condition est que ces animaux aient été tués sur la propriété même de leur maître, locataire, colon ou fermier.

Dans tóut autre endroit, la destruction d'un animal domestique faite sans nécessité ne peut donner lieu qu'à des dommages-intérèts.

Pourquoi cette différence entre les animaux des deux catégories? C'est que les animaux domestiques ne sont considérés comme une propriété qu'autant qu'ils se trouvent sur le terrain de leur maître; si celui-ci les laisse divaguer sur le terrain d'autrui ou sur la voie publique, cet abandon est une présomption de renonciation au droit. de propriété, le maître est en faute et la loi cesse de le protéger.

SECONDE PARTIE

DES ANIMAUX CONSIDÉRÉS AU POINT DE VUE DE LEUR AMÉLIORATION

PHYSIQUE

---

§ I. — Protection des animaux domestiques en général.

La loi du 2 juillet 1850, dite loi Grammont, réprime les mauvais traitements envers les animaux domestiques : cette idée protectrice n'est
pas nouvelle, et nous en trouvons l'expression dans l'antiquité ; on lit,
en effet, dans Plutarque que les Pythagoriciens voulaient qu'on usât de
douceur envers les bêtes, afin de s'exercer à la douceur envers les
hommes ; chez les anciens, ce qui disposa le mieux à la compassion
envers les animaux, ce fut la croyance à la métempsycose, doctrine
d'après laquelle l'âme, après la mort, revenait animer un autre corps
d'homme ou d'animal jusqu'à sa complète purification.

On comprend que dans cet ordre d'idées les hommes fussent enclins à
la compassion, puisque nul ne pouvait se promettre de ne pas devenir
un jour bête de somme.

Deux mille ans plus tard, cette pensée de protection, quoique procé-
dant d'une autre source, trouvait de l'écho chez un grand citoyen qui fut
en même temps un profond moraliste et un habile physicien ; je veux
parler de l'illustre Franklin, à qui la science doit l'appareil qui protège
nos habitations, comme les Etats-Unis d'Amérique lui doivent leur
indépendance de la domination anglaise. Franklin disait que l'enfant qui
souffre en voyant maltraiter les animaux sera bon et généreux envers
les hommes ; on peut dire de lui qu'il fut le type de la protection incarnée ;
par ses écrits, il protégea la faiblesse des animaux contre la brutalité de

leurs maîtres ; par l'invention du paratonnerre, il protégea les édifices ;
par son courage civique, il protégea son pays et lui rendit la liberté :

Eripuit cœlo fulmen, sceptrumque tyrannis.

La théorie de la métempsycose n'est certainement pas ce qui a
déterminé le général de Grammont à proposer la loi qui porte son nom ;
le législateur moderne s'est inspiré des doctrines philosophiques du
XVIIe et du XVIIIe siècle ; il a reconnu que les animaux ne sont pas de sim-
ples automates, comme l'avait soutenu Descartes, mais des êtres sensibles
à la joie comme à la douleur.

C'était, en effet, une étrange doctrine que celle qui consistait à consi-
dérer les animaux comme des mécaniques perfectionnées, mais incapables
de sensibilité. Descartes qui doutait de tout ne pouvait faire aux animaux
la libéralité de leur accorder une âme sensitive, comme l'avait fait
Aristote ; mais la doctrine cartésienne rencontra de très vives contra-
dictions : au siècle dernier, Condillac, dans son *Traité des animaux*
(1755) ; Bichat, dans ses *Recherches physiologiques sur la vie et la
mort* (1795) ; Cuvier, dans son *Traité du régime animal distribué
d'après son organisation* (1816) ; de nos jours, Flourens et Blatin, dans
leurs études sur la psychologie, ont démontré victorieusement que les
animaux sont doués de mémoire, de sensibilité et souvent d'une assez
grande intelligence ; il y a, en effet, chez eux deux forces primitives,
l'instinct et l'intelligence ; ces deux forces sont distinctes : dans l'instinct,
tout est aveugle, invariable et particulier, rien n'est modifiable ; le castor,
par exemple, bâtit toujours sa cabane de la même façon, son industrie
ne peut être employée à un autre travail ; ce travail, il ne l'a point appris,
il y est poussé par une force irrésistible. Dans l'intelligence, au contraire,
tout résulte de l'instruction ; le chien, le cheval obéissent par intelligence, ils apprennent même la signification de certains mots, ils
obéissent parce qu'ils veulent obéir.

Les animaux sentent, ils éprouvent la douleur ; il convient de la leur
épargner sans nécessité ; tel a été le but de la loi de 1850 dont l'article
unique est ainsi conçu :

« Seront punis d'une amende de 5 à 15 francs et pourront l'être d'un
« à cinq jours de prison ceux qui auront exercé publiquement et abusi-
« vement des mauvais traitements envers les animaux domestiques.

« La peine de la prison sera toujours appliquée en cas de récidive. »

A quelles personnes s'applique cet article ? Est-ce à tout individu qui maltraite les animaux, ou seulement au propriétaire ou au conducteur de l'animal ?

La question est controversée, et certains auteurs, se basant sur l'esprit et même sur les termes généraux de la loi de 1850, enseignent que cette loi atteint tout mauvais traitement, qu'il vienne du maître de l'animal ou d'un étranger qui n'en a ni l'usage, ni la conduite, ni la garde. Cependant la Cour de cassation (Arrêt du 4 avril 1863) a décidé que la loi Grammont n'est applicable qu'aux propriétaires des animaux domestiques ou à ceux à qui est confiée la garde ou la conduite de ces animaux.

Quant aux étrangers, il existe des dispositions protectrices spéciales dans les articles 452, 453, 454 du Code pénal, qui, suivant les cas, prononcent des peines variant de six jours à cinq ans d'emprisonnement, si l'animal a été tué ; dans la loi du 28 septembre 1791, qui punit d'un mois à six mois de prison les blessures volontaires aux animaux d'autrui ; enfin dans la loi du 15 avril 1829, sur la pêche, qui punit de trois mois de prison et 200 francs d'amende ceux qui ont jeté dans les eaux des drogues de nature à enivrer ou à détruire le poisson.

La loi Grammont punit les mauvais traitements envers les *animaux domestiques* ; cette dénomination est des plus générales, et la Cour de cassation (Arrêt du 14 mars 1861) a décidé qu'elle s'applique à tous les animaux qui vivent, s'élèvent, sont nourris et se reproduisent par les soins de l'homme. Il faut donc entendre par *animaux domestiques* tous les animaux de service, les bêtes de trait, les bêtes de somme, les bêtes de monture, le bétail, la volaille, enfin tous les animaux qui vivent à l'état domestique, qui sont acclimatés et élevés parmi nous.

Les animaux qui vivent à l'état sauvage ne sont point protégés par la loi de 1850 ; une exception est faite en faveur des oiseaux par la loi du 3 mai 1844, sur la police de la chasse ; cette loi, en effet, donne aux préfets le droit de prendre des arrêtés pour prévenir la destruction des oiseaux et du gibier en général.

Les *mauvais traitements* ne sont point définis par la loi Grammont ; c'est là une question de fait laissée à l'appréciation du Tribunal de simple police : parmi les actes tombant sous l'application de la loi de 1850, on peut citer le chargement ou le travail excessif, l'entassement des animaux dans les voitures, les jeux qui ont pour effet leur mutilation, en un mot, suivant les Arrêts de Cassation des 22 août 1857 et 13 août 1858, tous mauvais traitements, qu'ils résultent soit d'actes directs de violence ou de brutalité, soit de tous autres actes volontaires, lorsque ces actes ont pour résultat d'occasionner aux animaux des souffrances que la nécessité ne justifie pas.

Les combats de coqs sont aujourd'hui réprimés, mais il a fallu de longues années avant de déraciner cet amusement sauvage qui remonte à l'antiquité ; chez les Grecs, il y avait le *coq de combat* que l'on considérait comme un symbole de la divinité : l'histoire nous rapporte que lorsque Thémistocle assiégeait une ville, il faisait combattre deux coqs à la vue de son armée, afin d'exhorter ses soldats à se conduire avec le même courage. Cet usage s'était aussi répandu chez les Romains, et l'on raconte que Septime-Sévère ne put conquérir la Bretagne avant d'avoir excité ses principaux officiers en faisant combattre tous les jours une paire de coqs devant eux. Ce divertissement cruel est aujourd'hui réprimé par les mœurs et les lois ; le courage militaire n'a pas besoin d'un pareil excitant, et notre armée est inspirée par un sentiment plus noble et plus élevé, l'amour de la patrie.

Les mauvais traitements doivent être *abusifs* ; il n'y aura pas abus si la correction exercée vis-à-vis de l'animal n'a pour but que de le dresser, de le faire marcher, s'il est paresseux ; mais si un conducteur, par exemple, comme nous le voyons trop souvent dans les rues, frappe brutalement ses chevaux qui ne peuvent marcher parce que la charrette est trop chargée, il y a abus, et le conducteur doit être l'objet d'un procès-verbal.

L'abus, pour être punissable, doit s'exercer *dans un endroit public,* dans un lieu où il occasionne un scandale ; le motif qui a fait admettre cette restriction, c'est que le domicile des citoyens étant inviolable, il ne fallait pas faire dégénérer en inquisition la protection accordée aux animaux ; mais il suffit que les mauvais traitements puissent être aperçus par le public, comme le seraient ceux exercés dans une cour, dans un chantier, un magasin ouvert ; peu importerait même que ce fût pendant la nuit, dans un lieu peu fréquenté.

En cette matière, les contraventions ne peuvent être constatées que par des agents de l'autorité ayant qualité pour dresser des procès-verbaux ; mais lorsque la conscience publique est indignée par des actes de brutalité commis en public, le devoir de tout citoyen est de prévenir les agents de l'autorité pour faire cesser le scandale ; c'est dans ce but qu'ont été organisées les *Sociétés protectrices des animaux*, dont la première fut créée à Paris, et dont les membres ont pour mission de stimuler le zèle des personnes chargées de constater les contraventions.

En Angleterre, aux Etats-Unis, ces Sociétés sont plus nombreuses qu'en France : espérons qu'avec le temps nous verrons augmenter ces sortes d'Associations dans notre pays qui a toujours donné l'exemple des idées généreuses.

Les Sociétés protectrices des animaux rendent d'utiles services; non seulement elles obéissent à un sentiment respectable, puisqu'elles parlent pour ces êtres qui ne peuvent parler eux-mêmes, mais elles servent aussi l'intérêt privé, puisque les animaux domestiques seront toujours la première richesse du cultivateur, et qu'il importe de ne pas abréger par des brutalités la durée de leur existence : ces Sociétés ont, par cela même, droit à la sympathie de tous les hommes de cœur et l'autorité publique a le devoir de leur prêter son concours.

§ II. — Protection des oiseaux insectivores.

Pour être complètement étudiée, la question relative à la protection accordée par la loi aux animaux doit être envisagée sous un autre point de vue : *L'intérêt de l'agriculture.*

Les naturalistes nous apprennent que c'est par milliers qu'il faut compter les espèces d'insectes nuisibles; ces animaux, dont la fécondité est vraiment effrayante, vivent tous aux dépens du régime végétal, et détruisent non seulement les productions alimentaires, mais encore les arbres fruitiers et les bois des forêts.

Rien ne résiste aux ravages de ces parasites : l'olivier est attaqué par une *mouche* qui, munie d'une pointe fine, pique le fruit et y introduit un œuf; de cet œuf sort une larve qui pénètre dans la chair jusqu'au noyau et finit par ronger l'olive; les *scolytes* détruisent l'écorce de l'orme et du frêne : après avoir perforé l'épiderme de l'arbre, ces xylophages s'enfoncent à travers les couches corticales jusqu'à l'aubier et y creusent une galerie où ils déposent leurs œufs; l'orme, le frêne et autres arbres de la même famille ne tardent pas à dépérir et leur fin prochaine s'annonce par des taches noirâtre qui se montrent sur la surface de leur écorce ; le *bostriche* commun, le *charançon* rongent les pins et les autres bois résineux ; le *ver blanc*, larve du hanneton, attaque le blé et les autres céréales ; le chêne est rongé par le *lucane* qui réduit les racines à l'état de tan, et par le *cérambyx* qui dévore les feuilles naissantes ; les *courtilières* coupent les racines des légumes ; enfin la *pyrale* se nourrit au détriment des bourgeons de la vigne, ravagée aussi par la *cochylis* et par le *phylloxéra*.

Cette énumération pourrait être multipliée : elle suffit pour démontrer l'étendue d'un mal que l'homme à lui seul est incapable de conjurer ; son œil n'est, la plupart du temps, pas même assez perçant pour apercevoir les ennemis des récoltes, et tous ses efforts seraient paralysés s'il n'avait pour auxiliaires les oiseaux insectivores.

Protéger ces oiseaux bienfaisants, c'est donc protéger l'agriculture ; leur faire une guerre aveugle, avec une multitude d'engins, c'est concourir à la propagation de tous ces ravageurs dont les mandibules et les vrilles broient et perforent les produits nécessaires à l'alimentation ou à l'utilité de l'homme.

On ne saurait prétendre que tous les oiseaux soient utiles à l'agriculture ; il en est même qui lui sont nuisibles, en ce sens qu'ils se nourrissent d'autres oiseaux insectivores. Mais, à cette exception près, qui comprend seulement l'ordre des rapaces diurnes (aigles, faucons, éperviers, vautours, milans, buses et busards), presque tous les oiseaux vulgairement appelés *petits-pieds*, rendent à l'agriculture les plus utiles services.

C'est ainsi, notamment, que l'*hirondelle* ne fait son butin qu'en volant continuellement et en poursuivant les insectes de tous côtés ; l'*alouette* se nourrit de vers, de larves d'insectes, de fourmis et de chenilles ; la *fauvette* avale de petits coléoptères, des papillons ; elle est insectivore et vermivore, et détruit la cecidomyie du blé ; la *mésange* dévore par an des milliers de chenilles et vaut à elle seule plus de dix échenilloirs : vive et pétillante, elle est toujours en mouvement, se suspendant aux plus faibles branches pour détacher les œufs des papillons collés sur les feuilles, détruisant ainsi plusieurs couvains d'insectes ; on prétend que chaque couple de mésanges absorbe cent vingt mille vers ou insectes pour élever ses petits ; le *pinson* fait la chasse aux courtilières dont les six pattes, dentées et tranchantes en dedans, coupent les racines des végétaux qui croissent dans les jardins potagers ; le *rouge-gorge* opère dans les broussailles, poursuit les insectes et dévore la teigne des blés ; le *char-donneret* consomme avidement les chardons et les empêche de se répandre dans les champs ; la *bergeronnette* se nourrit des vers que découvre la charrue ; elle suit les troupeaux et saisit les insectes qui les tourmentent ; le *roitelet* picore dans les haies et vit de larves et de vermisseaux ; il en est de même du *rossignol* qui se nourrit de chenilles et en fait une destruction considérable ; le *pivert* va becqueter jusqu'au cœur des arbres les larves des capricornes et des cossus qui se développent dans l'intérieur de l'orme, du chêne et du saule.

Les rapaces nocturnes, tels que la *chouette*, le *hibou*, l'*effraye* et le *chat-huant*, sont aussi des oiseaux utiles, car ils se nourrissent de rats, de souris, de hannetons, de muraignes, de mulots et autres rongeurs de récoltes.

L'examen microscopique de l'estomac des oiseaux insectivores a permis de reconnaître les espèces d'insectes dont ils sont friands, et des expériences attentives ont même fixé le nombre approximatif des insectes dévorés dans un temps déterminé.

La loi du 3 mai 1844 et celle du 22 janvier 1874 protègent les animaux en ce sens qu'elles interdisent la poursuite du gibier dans la propriété d'autrui, qu'elles s'opposent à sa chasse en temps de neige, qu'elles punissent l'enlèvement des couvées, l'usage d'engins prohibés, et qu'elles subordonnent l'exercice de la chasse à certaines conditions.

Mais les prohibitions de la loi en matière de chasse sont-elles suffisamment tutélaires ? De nombreuses controverses se sont produites sur ce point. On a soutenu que la chasse ne devrait être permise qu'à tir et à courre, à cor et à cris, et qu'il y aurait lieu de supprimer le paragraphe 3 de l'article 9 de la loi du 3 mai 1844, qui donne aux préfets le droit de déterminer l'époque de la chasse des oiseaux de passage, de prendre des arrêtés pour prévenir la destruction des oiseaux et pour interdire la chasse en temps de neige. Ces prohibitions, a-t-on ajouté, devraient figurer dans la loi, au lieu d'être laissées à l'appréciation des préfets.

A mon sens, l'interdiction absolue de la chasse faite autrement qu'à tir et à courre, à cor et à cris, serait une mesure exagérée et tout à fait impopulaire ; ce qu'il faut réprimer, c'est l'abus dans la chasse aux petits oiseaux : il est donc nécessaire que les tribunaux soient sévères vis-à-vis des délinquants qui emploient des engins prohibés par la loi ou par les arrêtés préfectoraux, tels que collets, espérinques, lacets, raquettes, pièges dits *léques*, etc., qui détruisent des millions d'oiseaux, après les avoir fait horriblement souffrir.

Il serait à désirer que la chasse aux oiseaux de passage au moyen du filet ou de la glu fût réglementée de manière à empêcher la destruction des oiseaux utiles, mais la prohibition absolue de ce mode de chasse ne me paraît pas indispensable ; j'en dirai autant de la chasse au poste qui s'attaque surtout aux granivores. L'essentiel est de ne pas rompre l'équilibre que la nature a établi entre la production et la destruction ; ce qu'il faut, c'est ne pas créer au profit des insectes nuisibles une prépondérance qui est pour beaucoup dans les maladies dont sont atteints les végétaux : pour cela, il est nécessaire d'introduire dans la loi sur la police de la chasse des pénalités sévères et corporelles contre ceux qui détruisent les œufs et les couvées de petits oiseaux ; la loi de 1844 ne parle que des œufs et couvées des faisans, des perdrix et des cailles ; on devrait généraliser cette défense à tous les nids des petits oiseaux, au lieu de laisser aux préfets le soin de prendre des arrêtés à cet égard ; la protection des jeunes couvées serait bien plus assurée, surtout si des peines sérieuses étaient appliquées aux délinquants.

La chasse en temps de neige devrait aussi être formellement interdite par la loi, de même que la destruction de tous les oiseaux qu'un règlement d'administration publique déterminerait comme utiles à l'agriculture ; enfin, la construction, la vente de tout engin considéré comme instrument de chasse des oiseaux utiles, devrait être rigoureusement défendue. On concilierait ainsi l'intérêt agricole avec le plaisir de la chasse qui, faite dans des conditions normales, est à la fois l'exercice d'un droit naturel et une distraction des plus légitimes.

Il fut un temps où l'on procédait judiciairement contre les animaux nuisibles ou malfaisants ; dans son commentaire de la loi du 24 décembre 1888, M. Carré (page 52) nous apprend que de 1120 à 1321, on compta quatre-vingt-quatorze procès intentés directement à des taureaux, à des vaches, à des juments, et même à des limaces ; en 1403, à Meulan, près Versailles, une truie qui avait dévoré un enfant, fut condamnée solennellement à être pendue et fut exécutée par un bourreau venu exprès de Paris, à qui l'on accorda 54 sols pour frais de voyage. Les chroniques du temps nous rapportent que des évêques de Lausanne prononçaient même l'excommunication des animaux malfaisants ; cer-

taines officialités du moyen âge rendaient des arrêts de déguerpisse-
ment ; l'histoire n'ajoute pas que ces sentences aient été obéies, et personne n'a soutenu que les sauterelles, les hannetons et les chenilles
n'aient pas continué à ravager les récoltes.

La destruction des insectes et cryptogames nuisibles à l'agriculture
a fait l'objet d'une loi récente, en date du 2ß décembre 1888, qu'il nous
reste à parcourir sommairement.

Aux termes de cette loi, les préfets doivent prendre les mesures nécessaires pour arrêter ou prévenir les dommages causés à l'agriculture par
des insectes ou cryptogames et autres végétaux nuisibles ; ces arrêtés
indiquent les modes spéciaux de destruction à employer.

Les propriétaires, fermiers ou colons sont tenus d'exécuter les mesures
prescrites, et doivent, pour permettre la destruction, ouvrir leurs terrains
clos à la réquisition des agents de l'autorité.

En cas de refus dans les délais fixés, le contrevenant est cité devant
le tribunal de simple police et tenu des frais d'exécution des travaux
ordonnés d'office par le maire ; il est de plus condamné à une amende
de 6 à 15 francs ; en cas de récidive, un emprisonnement de cinq jours
peut être prononcé.

La loi du 28 ventôse an XI sur l'échenillage est abrogée, ainsi que le § 8
de l'article 471 du code pénal, fixant la pénalité pour défaut d'échenillage.

Enfin, l'exécution provisoire du jugement peut être ordonnée nonobs-
tant opposition ou appel, sur minute et avant enregistrement.

Comme on le voit, l'intérêt général est engagé dans la question
de destruction des insectes nuisibles, et la loi du 24 décembre 1888
constitue une innovation des plus utiles à l'agriculture.

§ III. — Protection résultant des lois sur la pêche fluviale.

La police de la pêche fluviale est actuellement régie par les lois du 15
avril 1829, du 6 juin 1840, du 31 mai 1865, le règlement du 10 août 1875,
le décret du 18 mai 1878, et celui du 27 décembre 1889.

De l'ensemble de ces dispositions, il résulte que l'on ne peut pêcher
librement dans les fleuves et rivières faisant partie du domaine public, ni
même dans les cours d'eau appartenant à des particuliers ; la permission du
propriétaire est nécessaire sous peine d'une amende de 20 à 100 francs.

Aucune permission n'est nécessaire pour pêcher *à la ligne* dans les cours d'eau appartenant à l'Etat, mais la ligne doit être *flottante* et *tenue à la main;* il y aurait donc délit si la ligne était dormante et de fond, c'est-à-dire dépourvue de flotteur et garnie de plombs qui entraînent l'appât au fond de l'eau, ainsi que l'a décidé la Cour de Lyon par arrêt du 28 novembre 1850 ; toutefois, la Cour de Douai (27 septembre 1844), la Cour de Paris (21 mai 1851 et 5 février 1862) ont jugé que, quoique dépourvue de flotteur, la ligne ne devrait pas être considérée comme dormante, si elle était constamment soumise au mouvement du flot sans pouvoir descendre au fond des eaux. Peu importerait du reste que la ligne eût plusieurs hameçons, ainsi que l'a déclaré la Cour de Paris, le 21 mai 1851, sur l'appel d'un jugement rendu par le Tribunal de Versailles, le 24 décembre 1844.

La ligne doit être tenue à la main ; il n'est donc pas permis de la déposer sur le bord du cours d'eau. (Arrêt de la Cour de Bourges, du 12 octobre 1839.)

L'article 5 de la loi du 15 avril 1829 interdit formellement toute espèce de pêches, même celle à la ligne, *en temps de frai*. Le temps de frai est déterminé par les décrets du 10 août 1875 et du 27 décembre 1889 ; il est fixé comme il suit : 1º du 30 septembre au 10 janvier, est interdite la pêche du saumon, de la truite et de l'ombre-chevalier ; 2º du 15 novembre au 31 décembre, celle du lavaret, espèce de truite des lacs de Suisse ; 3º du 15 avril au 15 juin, celle de tous les autres poissons et de l'écrevisse.

Un décret du 2 avril 1880 interdit de laisser les oies, les canards, les cygnes et autres animaux aquatiques susceptibles de détruire le frai du poisson, sur les cours d'eau, pendant le temps du frai.

Les préfets peuvent étendre exceptionnellement l'interdiction de pêcher, pendant le temps de frai, à toutes les espèces de poissons, augmenter la durée des périodes d'interdiction, autoriser la pêche de l'alose, de l'anguille, de la lamproie et des autres poissons vivant alternativement dans les eaux douces et les eaux salées, et enfin fixer une période d'interdiction pour la pêche de la grenouille. (Art. 2 du décret du 10 août 1875.)

Les filets traînants, les lacets ou collets sont prohibés par le décret du 18 mai 1878, article 13. L'article 14 défend d'établir dans les cours d'eau des appareils ayant pour objet de rassembler le poisson dans des noues, boires, fossés ou mares dont il ne pourrait plus sortir, ou de le contraindre à passer par une issue garnie de pièges.

La pêche à la main est formellement interdite par l'article 15 ; c'est, en effet, un procédé des plus destructeurs, puni de l'amende prononcée par l'article 28 de la loi de 1829.

On ne peut non plus se servir d'armes à feu, de poudre de mine, de dynamite ou de toute autre substance explosive ; l'emploi de la dynamite rendrait le délinquant passible des peines édictées par l'article 25 de la loi du 15 avril 1829, cette substance rentrant évidemment dans la classe des drogues de nature à enivrer ou à détruire le poisson. Une disposition analogue se trouve dans la loi du 3 mai 1844, qui punit ceux qui auront employé des drogues ou appâts de nature à enivrer le gibier ou à le détruire. Nous avons vu précédemment que l'empoisonnement des poissons dans les étangs, viviers ou réservoirs est puni de peines plus sévères (un an à cinq ans) par l'article 452 du code pénal.

Il nous a paru que l'examen des lois sur la police de la pêche fluviale devait, au même titre que l'étude des lois sur la police de la chasse, trouver place dans le travail d'ensemble que nous avons présenté sur la législation protectrice des animaux. Toutes ces lois, en effet, ont de l'analogie en ce sens que toutes tendent à la conservation des animaux ; mais les lois sur la pêche n'ont pour but que la conservation du poisson dans l'intérêt de l'homme, tandis que les lois sur la chasse protègent le gibier non seulement dans un intérêt d'alimentation, mais encore dans l'intérêt de l'agriculture elle-même.

FIN.

TABLE

FIN DE LA TABLE.

Toulon. — Imp. A. Isnard et Cie, boulevard de Strasbourg, 56.

PUBLICATIONS DU MÊME AUTEUR

Recueil de jurisprudence civile, criminelle et administrative (Marseille 1862).

Surveillance des Faillites par le ministère public (Avignon 1881).

Étude sur le Vinage (Avignon 1883).

Virgile considéré comme viticulteur (Toulon 1889).

Des prêts destinés à faciliter les opérations de Drainage (Toulon 1890).